WHEN I BREATHE DEEPLY

CUANDO RESPIRO PROFUNDO

Por
By Jill Guerra

Translated by
Traducción de Morelia Rivas

Breathe and
everything changes.

Respira,
y todo cambia.

Seane Corn

Every time you breathe deeply, you
become entirely yourself again.

Cada vez que respiras profundo,
vuelves a ser tú mismo.

Thich Nhat Hanh

This book is
dedicated to all of
us. May we find
ease in our breath
and in our lives.

Este libro va
dedicado a todos
nosotros,
para encontrar
tranquilidad
en nuestra
respiración y en
nuestras vidas.

When I breathe deeply...

Cuando respiro profundo...

I feel ready for the day...

me siento lista para el día...

my body relaxes
and I feel safe...

mi cuerpo se relaja
y me siento segura...

I feel like I'm the only
one in the room.

siento que soy la
única persona presente.

When I breathe deeply...

Cuando respiro profundo...

12

I feel brave...

me siento valiente...

I get to know myself...

me conozco un poco mejor...

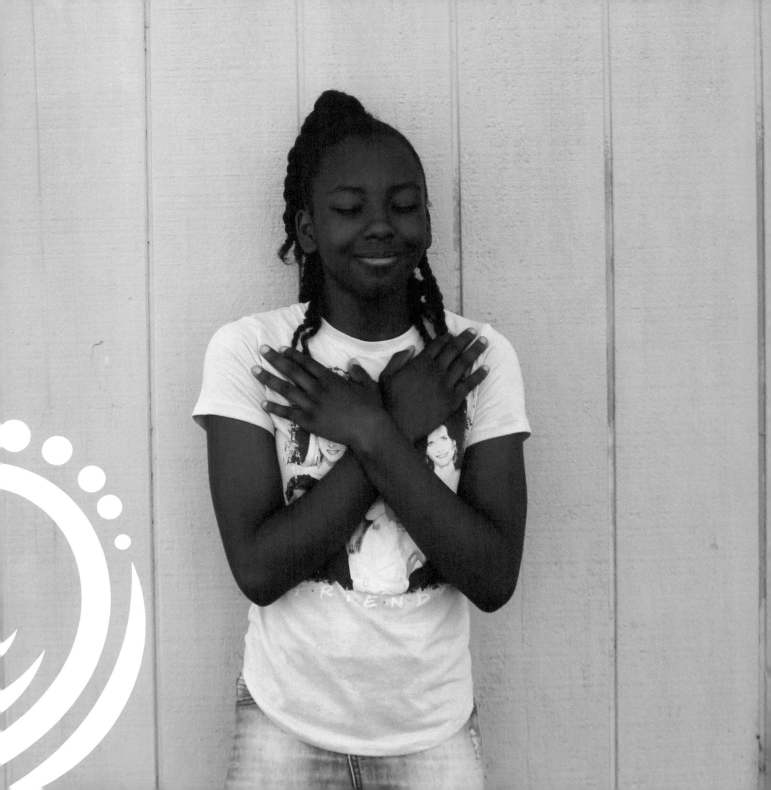

it calms my body,
mind, and heart...

se tranquilizan mi cuerpo,
mente y corazón...

I feel gratitude.

siento gratitud.

When I breathe deeply…

Cuando respiro profundo…

I feel quiet inside...

siento un silencio interno...

I can feel my heart changing
emotions...

siento que cambian las
emociones en mi corazón...

I feel calmer and calmer
with each breath.

me siento más y más tranquila
con cada respiración.

When I breathe deeply...

Cuando respiro profundo...

I feel like everything is going to be okay…

siento que todo va a estar bien…

I feel like the world is not that stressful...

siento que el mundo no es tan estresante...

I feel awake!

¡me siento alerto!

When I breathe deeply...

Cuando respiro profundo...

I feel like I'm being kind to myself.

siento que me estoy tratando
a mí mismo con bondad.

When I breathe deeply...

Cuando respiro profundo...

I feel completely free.

me siento libre de todo.

Instructions for Breathing Deeply

Find a comfortable position.

You can sit, stand, or lie down on your back.

You can even walk or do slow and gentle movement with your arms.

You can place your hands on your belly or your heart or both.

Inhale through your nose. Fill your belly.

Exhale through your nose or your mouth and notice your belly empty of air.

Do it again.

You can keep your eyes closed or you can fix your gaze softly on the floor or ground in front of you.

See if you can put your attention on your breath.

Notice how it feels coming in through your nose.

Notice how it moves through your body.

Notice how it feels exiting your body.

Keep going.

What is the temperature of your breath on the inhale?

What is the temperature of your breath on the exhale?

How fast or slow are you breathing?

You can say in your own mind, "Breathing in, breathing out."

You can count your breaths, "Inhale... exhale... one... Inhale... exhale... two..."

Or you can count your inhales and exhales, "Inhale one... exhale one... Inhale two... exhale two..."

Be alert. Relax your body.

Great job!

Keep going...

Instrucciones para la respiración profunda

Encuentra una posición cómoda.

Puedes sentarte, estar de pie o acostarte boca arriba.

Hasta puedes caminar o hacer movimientos lentos y suaves con los brazos.

Puedes poner tus manos sobre la barriga o el corazón o sobre las dos cosas.

Inhala por la nariz. Llena tu estómago.

Exhala por la nariz o por la boca y observa cómo se vacía de aire tu estómago.

Hazlo de nuevo.

Puedes mantener cerrados los ojos o puedes fijar tu mirada suavemente en el piso o el suelo enfrente de ti.

Fíjate a ver si puedes centrar la atención sobre tu respiración.

Observa cómo se siente al entrar por la nariz.

Observa cómo se mueve por tu cuerpo.

Observa cómo se siente al salir de tu cuerpo.

Sigue.

¿Cuál es la temperatura de tu aliento al inhalar?

¿Cuál es la temperatura de tu aliento al exhalar?

¿Qué tan rápido o despacio estás respirando?

Puedes decir en tu propia mente, "Respirando hacia dentro, respirando hacia fuera."

Puedes contar tus respiraciones, "Inhala… exhala… uno… Inhala… exhala… dos…"

O puedes contar tus inhalaciones y tus exhalaciones, "Inhala uno… exhala uno… Inhala dos… exhala dos…"

Mantente alerto/a. Relaja tu cuerpo.

¡Bien hecho!

Sigue…

Acknowledgements

The words in this book are the words of the youth I work with each week. At a time in the world when people are literally being denied their breath, the power of these students' declarations resonates most deeply.

I want to thank all of the Manzanita SEED students for practicing deep breathing with me each week, for your profound words and insights, and for your beautiful images. It is a gift to work with you.

All of the photographs were taken during the time of the Coronavirus and Shelter-In-Place, at six-feet-apart, wearing my mask. All students chose their outfits and hand-gestures. I just took the pictures.

*Aman on page 19 and Sai, Sudan, and Ayo on page 7 are Oakland community members and three of them form the band, Jax. Kaleo on page 13 and Atunaisa on page 33 are my grandsons. All of the other youth on these pages are students I work with.

**The photographs on pages 23 and 31 were taken by Pablo Pitcher DeProto

Agradecimientos

Las palabras en este libro son las palabras de los jóvenes con quienes trabajo cada semana. En un momento en que a través del mundo literalmente se les está negando la respiración a las personas, el poder de las declaraciones de estos estudiantes resuena con gran profundidad.

Quiero agradecer a todos los estudiantes de Manzanita SEED por practicar la respiración profunda conmigo cada semana, por sus profundas palabras y reflexiones y por sus bellas imágenes. Trabajar con ustedes es una verdadera alegría.

Todas las fotografías fueron tomadas durante la cuarentena del Coronavirus, a seis pies de distancia y usando mascarilla. Todos los estudiantes escogieron su propio vestuario y sus gestos. Yo simplemente tomé las fotos.

*Aman, en la página 19, y Sai, Sudan, y Ayo, en la página 7 son miembros de la comunidad en Oakland y tres de ellos conforman el grupo musical Jax. Kaleo, en la página 13, y Atunaisa, en la página 33 son mis nietos. Todos los demás jóvenes en estas páginas son estudiantes con quienes trabajo.

**Las fotografías en las páginas 23 y 31 fueron tomadas por Pablo Pitcher DeProto

About the author

Jill Guerra currently works as a Mindfulness and Mindful Movement teacher at an east Oakland elementary school. She is honored and grateful to serve 425 students per week, TK-5th grade. She was certified through Mindful Schools, Rainbow Kids Yoga, and Breathe For Change and was a classroom teacher for thirteen years prior. She has a YouTube channel called, "Mindfulness With Ms. Guerra" and has guided meditations for teens and adults on the meditation app called, Stop, Breathe & Think. Her first children's book, Long Hair Don't Care, was published in 2016.

Sobre la autora

Jill Guerra actualmente es maestra de Atención Plena y Movimiento Consciente en una escuela primaria del este de Oakland. Se siente honrada y afortunada de dar enseñanza a 425 estudiantes por semana, de grados TK-5. Tiene certificaciones de Mindful Schools, Rainbow Kids Yoga, y Breathe For Change y previamente fue maestra de aula durante 13 años. Tiene un canal de YouTube llamado, "Mindfulness With Ms. Guerra" y ofrece meditaciones guiadas para adolescentes y adultos en la aplicación para la meditación llamada Stop, Breathe & Think. Su primer libro infantil, Long Hair Don't Care, fue publicado en 2016.

www.facebook.com/Jill-Guerra-EducatorAuthor-131164803929371

www.instagram.com/thelovecurriculum/

www.thelovecurriculum.com

When I Breathe Deeply/Cuando respiro profundo ©2020

First Edition
Printed in the U.S.

Summary: A picture book about mindful breathing.

ISBN: 978-1-7353787-0-1

Design by: Innosanto Nagara
aisforactivist.org

design elementsVecteezy.com

For information about this book, please visit: thelovecurriculum.com

When I Breathe Deeply/Cuando respiro profundo ©2020

Primera Edición
Impreso en los EE.UU.

Resumen: Un libro de imágenes sobre la respiración consciente.

ISBN: 978-1-7353787-0-1

Diseño por: Innosanto Nagara
aisforactivist.org

Para información sobre este libro, favor de visitar: thelovecurriculum.com

CPSIA information can be obtained
at www.ICGtesting.com
Printed in the USA
BVHW020101060121
597076BV00001B/2